Maxime de TRIGANT

- UNE GRAVE QUESTION -

La Propriété Littéraire

par le

dépot légal des Imprimés

Comment déposer — Délivrance des recépissés de dépôt. — Conséquences de propriété littéraire et des idées. — Ce que tout auteur doit savoir et faire. — Auteurs assurez vous même votre propriété. — Les moyens, étude, preuves, renseignements. — Toutes les lois, les réglements usages ayant trait au dépôt légal et a ses rapports avec la propriété littéraire et avec celle des idées. — Le dépôt légal ce qu'il est ce qu'il a été. — Ce qu'il doit être. Son origine, son but, histoire complète de celle institution ; les intentions du législateur. — Comment la propriété littéraire y fut melée. — Comment elle y est organisée. — Comment les auteurs doivent s'en occuper. — Le dépôt de titre. — Est-ce une protection suffisante. — Pour la rendre efficace. — Sauvegarde de l'inédit. — Obligations des imprimeurs. — Droits des auteurs et des éditeurs. — Le dépôt légal au ministère de l'intérieur. — La bibliothéque Nationale son rôle ; comment le dépôt légal y entre. — Publications fragmentaires. — L'organisation à la Bibliothéque Nationale. — Questions subsidiaire : le justificatif de tirage. — Impressions par imprimeurs différents.

Des faits..... non du style.

Prix : UN franc net

LIBRAIRIE

DE LA SOCIÉTÉ DU

RECUEIL SIREY

22, Rue Soufflot, PARIS, V°

L. LAROSE et L. TENIN, Directeurs

1913

Maxime de TRIGANT

- UNE GRAVE QUESTION -

La Propriété Littéraire

par le

dépot légal des Imprimés

Comment déposer — Délivrance des recépissés de dépôt. — Conséquences de propriété littéraire et des idées. — Ce que tout auteur doit savoir et faire. — Auteurs assurez vous même votre propriété. — Les moyens, étude, preuves, renseignements. — Toutes les lois, les réglements usages ayant trait au dépôt légal et a ses rapports avec la propriété littéraire et avec celle des idées. — Le dépôt légal ce qu'il est ce qu'il a été. — Ce qu'il doit être. Son origine, son but, histoire complète de cette institution ; les intentions du législateur. — Comment la propriété littéraire y fut melée. — Comment elle y est organisée. — Comment les auteurs doivent s'en occuper. — Le dépôt de titre. — Est-ce une protection suffisante. — Pour la rendre efficace. — Sauvegarde de l'inédit. — Obligations des imprimeurs. — Droits des auteurs et des éditeurs. — Le dépôt légal au ministère de l'intérieur. — La bibliothéque Nationale son rôle ; comment le dépôt légal y entre. — Publications fragmentaires. — L'organisation à la Bibliothéque Nationale. — Questions subsidiaire : le justificatif de tirage. — Impressions par imprimeurs différents.
Des faits..... non du style.

Prix : UN franc net

Indispensable à tous les auteurs — Editeurs — Imprimeurs. — Dépôt légal aux Ministère.
Préfectures — Sous-préfectures — Mairies — Bibliothèques — Archives
Aux législateurs, à tous ceux qui pratiquent le droit.

LIBRAIRIE
DE LA SOCIÉTÉ DU

RECUEIL SIREY
22, Rue Soufflot, PARIS, V^e
L. LAROSE et L. TENIN, Directeurs

1913

La Propriété Littéraire

et le

dépôt légal des Imprimés

I

Comment on dépose

Bien que l'intérêt des auteurs soit seul en jeu c'est l'imprimeur seul qui est tenu de faire le dépôt.

Tout imprimé est astreint au dépôt légal sauf ceux ayant un caractère privé, particulier, tels les billets de naissance; les lettres mortuaires.

Les imprimés ne peuvent paraître (être mis dans le public) sans que l'imprimeur ait déposé.

C'est dire qu'aussitôt le tirage il doit faire le dépôt. Je sais bien que la direction du dépôt légal en France (au ministère de l'intérieur) ignore certaines parties de tout ceci, et non des moins importantes, et qu'elle ne sait pas non plus tout ce

que nous allons énoncer maintenant, pourtant le dépôt légal
est ainsi en France. Et il faudra bien que M. le Directeur au
ministère, se renseigne, puisqu'il ne connaît pas, on va le
voir, ce qu'il est chargé de diriger, il se convaincra que jusqu'ici les choses se sont passées comme nous l'exposons. Et
que les lois, l'usage quand les lois sont muettes, sont con-
formes au but poursuivi, d'une logique parfaite ; et que toutes
interprétations autres seraient impossibles, car elles nieraient
le but qui a présidé à la création du dépôt légal, et annihile-
raient la propriété littéraire.

Toutes choses que nous allons démontrer ici. Le but de
cette brochure étant d'expliquer toutes les lois et tous les
règlements qui concernent le dépôt légal ; et ce qui en découle
aussi bien au point de vue de la propriété littéraire qu'à tous
autres.

De fournir la preuve de l'exactitude de nos dires, de démontrer que non seulement ce sont bien là, les seules et vérita-
bles règles du dépôt légal, mais encore de détailler et d'apporter la preuve des intentions du législateur en la matière.

De faire voir qu'elles ne sauraient être autres et que toute
interprétation non conforme à la nôtre donnée ici ; c'est-à-dire
aux règles observées jusqu'à présent par le dépôt légal, ainsi que
nous le prouverons ; serait illogique, car elle manquerait le
but du dépôt et ne répondrait plus aux motifs de son institution. Motifs que nous rappellerons en expliquant l'origine de
cette organisation.

II

Le titre de propriété des auteurs

C'est en double exemplaire que l'imprimeur doit remettre ou faire apporter par n'importe quelle personne, tout imprimé constitué dans ses ateliers.

Le dépôt a lieu selon la cité où se trouve l'atelier de composition au ministère de l'Intérieur, aux préfectures, aux sous-préfectures, aux mairies.

Tout dépôt doit être reçu et toujours en échange d'un récépissé.

L'officier public recevant le dépôt doit aussitôt remettre gratuitement en échange un récépissé constatant que la formalité a été accomplie ; cette pièce doit porter : titre de la publication, nom de son auteur ou sous lequel elle est publiée, format, le nom de l'éditeur peut également figurer, nom de l'imprimeur, date, lieu de dépôt, cachet administratif, signature du préposé. Le chiffre du tirage n'est pas indiqué la plupart du temps, cela est d'ailleurs inutile au point de vue propriété littéraire, le justificatif de tirage de l'imprimeur ne peut être falsifié, l'imprimeur ne s'exposerait pas à se rendre en le falsifiant complice d'escroqueries possibles. On verra que les tribunaux dans ce cas considéreraient ainsi son acte, nous l'expliquerons plus loin au chapitre concernant le justificatif.

En un mot le récépissé de dépôt mentionne tous les caractères distinctifs de chaque imprimé, toute indication de nature à bien le déterminer, afin d'empêcher sa confusion avec un autre, et en établir l'auteur avec toutes garanties possibles pour lui.

L'heure du dépôt peut également et doit sur demande accompagner la mention des jour, mois et an.

La nature de l'imprimé doit être également mentionnée, livre, fascicule tel numéro, **bulletin de souscription, tirage à part, ou spécial** quel qu'il soit.

Ce récépissé à partir de sa délivrance laquelle est obligatoire, a présentation dans quelque cas que ce soit, sauvegarde ipso-facto tous les droits de propriété complète de l'auteur sur cet imprimé (propriété entière, donc de toutes les phrases, de toutes les indications, du titre, de toute idée.)

III

Les droits de l'auteur sur le titre

Lorsque la loi dit tout imprimé est sujet à l'obligation du dépôt légal elle veut dire **tout tirage d'impression**, c'est évident puisqu'aucun imprimé ne doit paraître sans avoir été déposé, puisque la propriété de ce qui paraît est consacrée par le récépissé de dépôt.

Jusqu'à ces derniers temps le ministère avait interprété ainsi les intentions du législateur c'est d'après les manières d'agir du dépôt légal que je parle ici pour les points ou la loi est muette et qu'un usage constant avait jusqu'alors réglés.

Donc d'après ce que j'ai toujours fait ou fait faire à mes imprimeurs au cours de vingt années de nombreuses publications.

C'est-à-dire d'après de fréquents dépôts pour toutes sortes d'imprimés au cours de ce long espace de temps, opérés sur les indications données par un ami très regretté feu M. Lehec, chevalier de la Légion d'honneur, conservateur en chef à la bibliothèque nationale, et chef du service du Dépôt légal, à la Bibliothèque.

L'imprimeur ne peut refuser de remettre à l'auteur du manuscrit de chaque commande imprimée, le récépissé de dépôt dudit tirage terminé, ce document constituant le titre de propriété de l'œuvre ou de la partie que l'auteur va en faire paraître avant de remettre la suite à l'imprimeur.

Le service du dépôt n'a qu'à recevoir ce tirage qui va paraître, et à en délivrer récépissé. Il ne peut refuser sous quelque prétexte que ce soit, car tout le but de la loi est qu'aucun texte imprimé ne puisse paraître sans que, par le dépôt, le Gouvernement en ait eu connaissance. C'est ce but unique de la loi que présentement ne connaît pas M. le Chef du dépôt légal au ministère de l'intérieur.

Et cela est tellement vrai qu'en aucun cas le dépôt légal d'un imprimé ne peut être refusé, sauf à prendre ensuite s'il est irrégulier, toute sanction de nature à le faire redresser ou afférente à l'irrégularité constatée ; c'est-à-dire que l'administration en aucun cas ne peut se refuser à la délivrance immédiate à présentation du récépissé de dépôt, sauf par elle à *obliger ensuite* toute régularisation.

C'est ainsi que lorsque l'imprimé déposé s'annonce comme la suite d'un autre imprimé et que le dépôt de cette partie primitivement tirée n'a pas été fait, l'administration après avoir délivré récépissé du tirage et impression à elle présenté, peut obliger le dépôt des tirages qui ont précédé comme celui de tout imprimé non déposé (contrairement à la loi) et prendre toute sanction que cette contravention comporte.

Donc si l'inédit n'est pas protégé en France et la Société des Gens de Lettres s'occupe de cette question ; à peine une impression quelconque se trouve-t-elle faite que l'obligation inéluctable pour les pouvoirs publics de délivrer récépisssé à présentation (qui doit être faite immédiatement) de deux exemplaires donne à cet instant même la protection complète à l'auteur.

Les choses sont claires le dépôt ne peut jamais élever aucune difficulté pour la délivrance du récépissé, ce n'est qu'aussitôt cette constation officielle qu'il est armé pour poursuivre la régularisation s'il y a lieu.

Le récépissé peut recevoir la mention des irrégularités constatées et les réserves de toute nature qu'il plaît à l'autorité d'ajouter aux mentions qu'elle a l'obligation d'y inscrire, (afin de montrer clairement de quel imprimé il s'agit et la propriété de l'auteur, ainsi qu'il a été mieux expliqué précédemment.)

Bien entendu tout tirage public étant sujet au dépôt, un

tirage fut-il de deux, fut-il d'une page est sujet à cette obligation ; serait-il même le bulletin sollicitant souscription à un volume, à une valeur de bourse.

Plus encore cet imprimé n'aurait-il que trois lignes, le titre, le nom de l'auteur et le nom de l'imprimeur (ce dernier afin ne pas déposer en épreuves) cette commande exécutée par un imprimeur et n'ayant que trois lignes est sujette au dépôt, elle est un tirage fait ; puisque l'imprimeur en a fini avec cette commande et qu'il n'est saisi d'aucune suite.

Et d'autant plus, n'en déplaise à M. le Chef du dépôt légal au ministère de l'Intérieur, que ces trois lignes seraient un titre, une idée littéraire partant une propriété que le droit assure conformément à la justice la plus élémentaire.

Le dépôt de titre n'existe pas M. le Chef du dépôt légal.... en effet, sous le nom de dépôt de titre. Mais le dépôt légal entraîne tellement le dépôt de titre que forcément et par obligation de la loi tous les récépissés doivent mentionner le titre et toute indication de nature à distinguer les caractères spéciaux de tout imprimé déposé.

Et puis comme je ne veux pas en présence de cette contradiction laisser se glisser un doute dans l'esprit de mes lecteurs je vais anticiper sur la suite de ces pages en disant maintenant de façon succincte ce que je détaillerai mieux plus loin en donnant à cette question toute l'ampleur que nécessite son étude et sa démonstration complète.

On ne saurait en effet oublier que l'origine du dépôt légal est une question de police et que seules les réclamations croissantes des écrivains devant l'inorganisation de leur propriété ont pu y faire mêler leurs droits ainsi que je l'expliquerai.

Que le titre d'un ouvrage peut être un outrage à magistrat, un imprimé à poursuivre ; et ce serait dès lors cet imprimé que vous auriez justement refusé au dépôt légal sous le prétexte que les deux exemplaires ne sont ceux que de la page titre, alors qu'aucun imprimé ne doit y échapper.

Le seul exposé de ceci vous prouve que cet imprimé composé seulement de quelques lignes est sujet au dépôt légal comme tous autres quels qu'ils soient, de ce fait seul qu'il va paraître sans son complément immédiat, et mieux encore de ce fait seul que c'est un travail d'impression, et que l'imprimeur n'est pas saisi *de la suite que cet imprimé rend probable.*

J'ai pratiqué jusqu'à ces dernières années de tels dépôts il en a toujours été ainsi. Le dépôt légal suffit donc amplement à la propriété des titres.

Le *dépôt de titre* n'existe pas sous cette appellation spéciale, tout simplement parce qu'il est forcément impliqué par le dépôt légal.

J'ajouterai même qu'en développant et prouvant mieux encore mon affirmation ci-dessus énoncée, qu'en démontrant que les choses ont été ainsi jusqu'à présent et ne pourraient être autrement, sans nier les motifs de la loi et sans rendre illusoire et impossible toute propriété littéraire : je prouverai que seul le dépôt légal assure à un auteur la propriété d'un titre, alors que ce dépôt ne lui serait pas indispensable pour assurer la propriété du texte du volume, que le fait qu'il soit imprimé appuyé d'ailleurs du bordereau de tirage de l'imprimeur justifiant la date prouverait la propriété de toute idée et la priorité au besoin.

IV

Dépôt en épreuve. — Absence de nom de l'imprimeur. —
Il n'y a jamais d'obstacle au dépôt d'un imprimé

Le dépôt en épreuves n'est plus obligatoire depuis la loi de 1881, mais rien ne l'interdit.

Avant cette loi le dépôt devait être fait en épreuves; c'était par tolérance que l'usage tendait à s'établir de l'admettre en tirage définitif, et dans l'intérêt des collections de la nationale.

Tant que l'inédit ne sera pas spécialement protégé les auteurs auraient intérêt à faire déposer en épreuves, car pourvus ainsi plus tôt du récépissé de dépôt, ils auraient donc plus tôt la garantie de propriété.

Or, à mon avis, c'est avant la publication qu'il importe le plus d'avoir la propriété, car une fois le travail paru si quelqu'un le reproduit ou le contrefait, il serait possible de prouver la propriété ou même la priorité d'idée sans le récépissé de dépôt légal, et nous dirons comment.

Si les règles du dépôt légal sont depuis peu ignorées par ceux qui sont chargés en chef de sa réception, qui mettent maintenant des barricades à la face des déposants, les auteurs peuvent se passer du dépôt légal, des récépissés, sans plus grands risques pour leurs intérêts.

En effet, la preuve de leur idée sera faite par le livre ou carnet de commande des imprimeurs aussi bien que par une pièce plus sérieuse encore (que ne l'est un livre de commerce dont la falsification serait cependant punie). — D'une pièce de toute valeur :

J'ai nommé le bordereau justificatif de tirage délivré par l'imprimeur, extrait de son carnet à souche spécial.

Cette pièce ne suffirait-elle pas à consacrer la propriété littéraire ? Ce ne serait alors qu'afin de sacrifier « à la forme » étant donné le fait qu'elle n'émane pas des pouvoirs publics.

Néanmoins, je ne voudrais pas proposer qu'elle soit titre de propriété à la place du récépissé de dépôt car le dépôt en épreuves, voulu par l'ancienne loi et qui fut à peu près seul usité d'abord ; sous l'ancienne législation jusque vers les derniers temps de son régime, n'est pas interdit par la nouvelle loi (1881) et il donnerait plutôt la propriété que le justificatif de tirage.

L'imprimeur ne peut, en effet, délivrer cette pièce qui fait foi absolue devant les tribunaux (nous expliquerons ce qui concerne ce document si important) qu'après tirage fait, c'est-à-dire qu'après l'exécution d'une commande, au moment ou elle est prête à livrer, ce qui coïncide avec le moment où vient à devoir être fait le dépôt légal, alors qu'il est déjà fait s'il a été opéré en épreuves.

Le nom de l'imprimeur doit figurer sur le tirage définitif, il n'est pas obligatoire sur les épreuves, même sur les exemplaires d'épreuves que l'on voudrait déposer. Dans le cas de dépôt en épreuve l'absence du nom de l'imprimeur ne peut pas être impartie à faute par le dépôt, elle peut par contre faire l'objet d'une contravention (le dépôt n'en fait aucune depuis longtemps), si elle est relevée sur tirage définitif. Mais le dépôt ne peut être refusé, nous l'avons dit, ni pour ce motif ni en aucun autre cas.

Le récépissé ne peut jamais être retardé puisque le dépôt ne peut pas être refusé (ce qui a eu lieu récemment, aussi fantastique que cela paraisse).

Etant donné qu'aucun imprimé ne peut être rendu public avant dépôt et que nous le redirons, le but de l'institution du dépôt était de permettre au gouvernement de connaître le plus tôt possible, avant qu'ils soient rendus publics tous les imprimés ; afin qu'il puisse prendre les sanctions au sujet de ceux pour

lesquels il jugerait avoir à sévir, ou dont il voudrait arrê-
ter la diffusion.

Cette institution a été créée comme mesure de police préventive, ce n'est que récemment que les revendications des
auteurs y firent englober la question propriété littéraire.

V

Quelles lois y a-t-il sur le dépôt légal et relatives à la propriété littéraire ; origine de ces lois.

Il y eut des règlements royaux concernant les impressions, la loi parla pour la première fois de la propriété de la pensée sous la révolution, mais ce fut de façon embryonnaire.

Nous rappellerons qu'il y a eu la censure, abolie, dont le souvenir aidera à comprendre le pourquoi de bien des règlements.

Les réclamations énergiques du monde des lettres amenèrent la loi de 1881, définitivement jugée aujourd'hui comme incomplète, insuffisante, et à réformer sur divers points ; et qui d'ailleurs, modifie seulement en certaines parties, la loi de la révolution, qu'elle n'abolit nullement.

Pour la première fois dans la loi de 1881, le dépôt légal passe dans l'esprit du législateur au second plan et la question propriété littéraire commence à lui être subordonnée et à prendre toute l'importance.

Jusqu'alors les lois et règlements n'étaient que des mesures préventives de gouvernement, surtout édictées en vue de rendre inéluctable le dépôt : la loi révolutionnaire ouvre la porte à la propriété littéraire, mais ce droit ne devint plus bientôt qu'un mince corollaire de la censure.

Enfin, en 1881 on commence à voir le dépôt comme n'étant à peu près plus qu'un moyen au service de la reconnaissance de cette propriété pour laquelle les écrivains ont droit à autant de garanties que les travailleurs de toute autre corporation — et l'on admet bien qu'ils ont été spécialement négligés jusqu'ici et qu'il faut aboutir.

·Ces garanties sont jugées un minimum par les législateurs eux-mêmes.

Le dépôt légal actuel n'est ni plus ni moins que la suite, le reste utile des réglements du pouvoir royal depuis l'invention de l'imprimerie. Le gouvernement de l'ancien régime en donne l'origine et en partage avec la marche du temps, la loi de la révolution, les progrès de l'esprit humain, les suites ; puis vient la censure, restrictive, sans doute, nécessaire à l'époque de son institution, mais abolie. Elle est suivie de la liberté complète de l'impression ; dès lors le dépôt légal devrait comme conséquence logique n'être plus que la cause, l'instrument efficace de la reconnaissance de la propriété littéraire. (Mais qu'importerait d'ailleurs qu'il conserva un peu de son ancien but, pourvu qu'il soit cet instrument efficace). Il faudrait bien y ajouter l'institution projetée des lois assurant la protection de l'inédit et de la pensée avant impression.

C'est pour pouvoir réprimer les cas de publicité jugés délictueux, avant que le public ait connaissance de la production, que toutes les édictions royales, donc antérieures à la loi de 1881, prescrivaient comme obligatoire le dépôt en épreuves ce qui permettait d'étouffer la publication dans l'œuf si nous pouvons employer cette expression. (Avant 1789 même aucun manuscrit ne pouvait être livré a l'impression sans examen et permission de l'autorité).

Actuellement le dépôt n'ayant plus lieu en épreuves, quoique ce mode de procéder ne soit pas interdit ; l'imprimé ne pourrait être que saisi au commencement de sa dispersion.

C'est cependant toujours dans ce but qu'un imprimé fut-il d'une seule page ou moins est sujet au dépôt.

Cette loi de 1881, obtenue par les écrivains ; où le dépôt légal commence à être un instrument de la propriété littéraire alors qu'auparavant les lois, règlements relatifs aux imprimés, n'étaient que des édictions de police politique, et toutes oppressives de la liberté d'écrire, n'est pas réellement très défectueuse, elle est surtout inexplicite pour les détails ; en raison de ce fait, qu'elle englobe le tout sous une loi de données générales.

L'usage avait réglé les points que les arguties les plus acrobatiques pouvaient déclarer douteux, comme non explicitement spécifiés, et avait complété la loi selon le but qui avait été envisagé lors de son vote.

Ces usages nous les avons décrits et les montrons pour tous les cas susceptibles de se produire, ils ont été tels et immuables jusqu'à ces derniers temps.

Nous pensons que le monde des lettres, que la propriété littéraire ne va pas se heurter à l'incompréhension d'un fonctionnaire dont les actes présents équivalent à la suppression de la propriété en rendant impossible, dans certains cas où le besoin en est justement impérieux au point de vue de la propriété, le dépôt légal, puisqu'il le refuse. Alors que déjà les intéressés ne se plient pas toujours à l'accomplissement de cette formalité.

Le dépôt légal doit continuer comme précédemment à recevoir sans hésitation à présentation. A établir aussitôt le récépissé, titre de propriété, sauf à réclamations ensuite ou sanctions de sa part ou par les autorités compétentes s'il y a lieu.

Toute autre attitude nie les motifs de l'institution du dépôt légal, et les intentions du législateur de 1881, les lois et réglements concernant ou ayant concerné la matière, comme les usages jusqu'ici observés.

Nous l'avons dit : L'aurore des pensées de propriété littéraire apparue un instant sous la révolution s'est traduite surtout par la loi de 1881, mélangée à un reste de censure le dépôt légal devenu instrument de reconnaissance de propriété littéraire, alors qu'avant l'établissement de cette loi, la propriété n'était qu'à l'état embryonnaire, et que le dépôt légal ne s'en occupait pas, étant seulement institué comme mesure préventive de gouvernement comme le meilleur instrument de la censure.

V

Les deux buts du législateur. — Les ouvrages paraissant par fragments successifs. — Où vont les ouvrages?

La pensée du législateur a donc eu deux buts :

1° Assurer au gouvernement connaissance préalable autant que faire se peut de toute pensée qui va être répandue par l'impression dans le public, afin de pouvoir au besoin en décider la prompte punition ou suppression ;

2° Récemment assurer la reconnaissance et la consécration de la propriété littéraire.

Un ouvrage paraissant en fragments successi s ou par fascicules séparés, partant faisant l'objet de plusieurs commandes, donc de plusieurs tirages ; est sujet à autant de dépôts que de tirages, que de commandes, que de fascicules, c'est-à-dire que de fragments ou de fascicules séparés. A mesure que chacune de ses impressions séparées, indépendantes, voient le jour, ou pour employer un mot plus saisissant pour ce que nous démontrons ; naissent

Chaque tirage fait, aussi incomplet soit-il, c'est-à-dire chaque commande d'une partie qui s'exécute avant qu'une commande de suite soit faite au même imprimeur ou *a fortiori* à un imprimeur différent, donne lieu à un dépôt légal, puisqu'elle va paraître ; *qu'elle est tout ce qui va paraître présentement ; un tirage spécial, l'ensemble d'une commande,* donnant lieu à la délivrance par l'imprimeur de cette pièce si grave le justificatif de tirage.

Ainsi une couverture, une page contenant un titre, si rien n'a été commandé avec, constituant l'entier d'une commande est soumise à l'obligation du dépôt légal, comme toute chose

imprimée l'est dès qu'elle s'imprime et par ce seul fait que
c'est alors le tout du travail que l'imprimeur a tiré ou va tirer
et livrer pour le public.

Or en juin 1912, et bien entendu jamais il n'avait été
parlé jusqu'alors d'une aussi stupéfiante théorie; le dépôt
légal au ministère a refusé d'admettre au dépôt un imprimé.
Cet imprimé était le tirage de la couverture du fascicule 1er
d'une publication.

Le refus a été maintenu malgré les explications suivantes :
L'imprimeur n'avait aucune suite à exécuter, il en devait recevoir le manuscrit *s'il était donné* suite au projet, aucun texte
n'était encore composé, cette couverture allait être mise dans
le public, et elle le fut en effet; ce n'est que plus d'un mois
après qu'un texte qu'elle devait couvrir fut rédigé et confié à
l'imprimeur. Lorsque cela put être déposé le tirage de la couverture et sa mise dans le public étaient choses faites depuis
deux mois, et l'auteur étant sans récépissé de dépôt, *le dépôt
ayant été refusé*, se voyait exposé au vol de l'idée de son titre
pendant ces deux mois, malgré son insistance réitérée. Le refus
ayant été confirmé sous la signature de M. le Directeur chargé
en chef du dépôt légal au Ministère. Le dépôt argua ne pouvoir recevoir un fragment et n'admettre au dépôt que les
volumes ou fascicules dans leur entier.

C'était nier ainsi le but du dépôt puisque par suite de cette
non réception l'imprimé a été diffusé dans le public sans dépôt.

Le dépôt légal se rayait lui-même. Et secondement la propriété littéraire n'était plus garantie en France.

Il devenait tout à coup impossible en France de s'assurer
par le dépôt légal d'une feuille (même longue imprimée en
recto et verso), la propriété ou l'idée d'un titre.

La loi pourtant obligeait le dépôt légal de cet imprimé par
le seul fait qu'il formait à ce moment, imprimé qu'il était sans
aucune suite; un tout complet à lui seul et isolé; comme elle
oblige celui de tout imprimé quelconque. Chaque tirage sa
commande une fois terminée oblige la délivrance du récépissé
du dépôt légal.

Cette pièce consacre la propriété de tout le contenu de tout imprimé, si extraordinairement court ou long soit-il, et par conséquent implique *comme tout récépissé de dépôt de toute publication* la propriété du titre. D'autant nous l'avons également dit que l'indication du titre entre forcément et obligatoirement dans le texte du récépissé de dépôt.

VI

Tirage d'un même ouvrage par plusieurs imprimeurs. Tirages en parties successives

La couverture refusée au dépôt redisons le avait paru distinctement alors que l'on ignorait si la publication n'en resterait pas là; un texte ne fut commandé que longtemps après.

Voici une autre preuve s'il en était besoin que cet imprimé était sujet au dépôt.

Ce texte aurait pu être confié à un autre imprimeur lequel alors n'aurait pu déposer que le texte sans couverture, dans ce cas d'après sa théorie-nouveauté, la direction au ministère aurait également réfusé le texte comme imprimé incomplet.

Et en continuant ainsi de suite l'ouvrage entier n'eut pas été accepté au dépôt et l'auteur ne voyait jamais consacrer sa propriété.

Il donna ces explications par écrit et les reïtera sans aucun succès. M. le Directeur ignorait son métier et ne voulut même pas tenir compte d'une requête qui lui indiquait, sans cependant en avoir l'air, son erreur, et le droit des auteurs dans ce cas; qui lui disait la procédure jusqu'ici consacrée.

D'ailleurs, l'usage se répand de plus en plus, de confier à des imprimeurs différents à l'un la couverture, à l'autre le texte et même à plusieurs autres; à un troisième les gravures.

En vertu de la loi il y a donc plusieurs dépôts par fragments, chaque imprimeur étant tenu de déposer ce qu'il imprime.

Le dépôt légal n'avait jamais d'ailleurs jusqu'alors élevé aucune difficulté. Plus encore, le service de réunion de parties de publicatures existe à la Bibliothèque nationale.

VII

Encore des preuves

Si l'on ne pouvait plus déposer les imprimés ne portant que l'indication d'un titre et du nom de l'auteur, ce titre pourrait être : une excitation au crime, une insulte à haut magistrat, un délit, et il serait complètement répandu dans le public avant que le Gouvernement soit informé. Le but primitif et qui subsiste du dépôt serait manqué. Son second point de vue ne serait pas moins supprimé.

Or, il n'est rien moins qu'une propriété sacrée ; celle des idées pour laquelle on combat aujourd'hui si vivement et qui voit ses revendications sur le point d'aboutir, approuvées qu'elles sont de toute part,

Pour se prémunir contre le vol des idées, avant publication : l'inédit (partant les manuscrits à l'impression) n'étant pas protégé, on emploie de plus en plus aujourd'hui l'impression fragmentaire confiée à des imprimeurs différents nous l'avons dit, c'est afin d'obvier à la généralisation par trop grande de ce système que les écrivains ont proposé le dépôt par les éditeurs qui ainsi pourraient déposer en une seule fois toutes les parties de l'ouvrage.

On voit que le but primitif de l'institution du dépôt c'est-à-dire la surveillance gouvernementale sur tout imprimé n'occupe plus personne tellement elle est peu dans les mœurs de liberté entière de l'impression et que l'on pense seulement maintenant à des règlements répondant à tous les détails nécessaires à la reconnaissance de la propriété littéraire.

Mais tant que la protection de l'inédit ne sera pas efficacement assurée, (et cela c'est chose difficile) le dépôt par fragments et le dépôt des pages-titres ira en augmentant (il ne saurait être que maintenu), car les écrivains ont l'intérêt le plus capital à ce que la propriété de leur œuvre soit. consacrée le plus tôt possible. Le dépôt de pages-titres est le seul moyen d'avoir de bonne heure une partie de propriété littéraire, celle du titre avec ce que peut faire présumer l'idée qui sera développée.

Sans l'inédit protégé, le dépôt par l'éditeur est impossible, il retarderait la date ou l'écrivain obtient sa garantie de propriété, il ne s'agit nullement ici d'aucune intention si minime soit-elle, d'introduire dans cette étude des questions personnelles quelconques relatives à qui que ce soit ou au signataire de ces lignes, pour la bonne raison que cela n'aurait aucun intérêt général. La question n'est pas là, elle est autrement haute... !

Elle est celle de la propriété de la pensée, qui ne doit point subir d'entraves. Cette étude n'a aucun autre but que d'apporter sa pierre à l'édifice, de contribuer à éclairer la route des lois projetées de fixer l'état présent, d'empêcher le retour en arrière la négation de tout que serait une exception au dépôt légal.

Non la nouveauté stupéfiante ne peut s'établir, du refus au dépôt d'un tirage terminé parce que ce tirage reputé incomplet comme devant peut-être se trouver suivi d'autres, destinés à compléter la publication.

Ce refus alors surtout qu'il s'agissait d'une couverture donc titre, pourrait être mis en doute tellement cela paraît inouï, nous donnerons donc quelques détails précis sur ce fait, qui *s'est produit avec l'affirmation que le dépôt agirait toujours ainsi.*

Nous écrivons ici afin de rendre impossible le renouvellement de cette *suppression de la loi et de la propriété littéraire*, à cause du préjudice complet que ne peuvent se voir infliger les auteurs ; la propriété littéraire étant entière dans tous les cas, et devant rester telle !

VIII

L'arbitraire récent qui ne doit pas se renouveler négateur de la loi supprime dans certains cas de la propriété littéraire. — Refus d'un dépôt, les faits.

Fin mai 1912 la préfecture de Bordeaux ne crut pas pou voir recevoir au dépôt un imprimé ! ! !

Parce que c'était une page titre, et qu'on la qualifia aussitôt de *fragment ?*

C'est excusable jamais pareille présentation ne s'était produite au dépôt à Bordeaux, la préfecture est donc absoute, et d'autant plus hors du débat qu'elle en référa précipitamment au ministère de l'Intérieur.

Au commencement de juin 1912 parvint une réponse signée de M. le Directeur chargé au ministère du service du dépôt légal en France.

Il y était dit en substance :

« On demande à déposer une feuille *imprimée* » sans nom d'imprimeur, (elle fut offerte en tirage définitif donc avec ce nom ensuite sans succès).

Le dépôt légal n'est que pour les « ouvrages complets ! ! ! et ceci étant un fragment ne peut être admis ! ! ! Le dépôt de titre n'existe pas » ! ! ! (Oh ! propriété littéraire !)

Nous l'avons dit le dépôt légal d'un imprimé comporte par le fait même le dépôt de titre et sa propriété comme de toute partie de texte.

« Tout imprimé doit être déposé en entier en double exemplaire, ce dépôt donne lieu à la délivrance d'un récépissé dont la date établit en cas de contestation la propriété. »

La préfecture de la Gironde fit lecture de cette réponse dont nous rapportons ici la substance.

Du moment que c'était un imprimé le dépôt était obligé déjà par ce seul fait.

Le refus a donc tenu au mot en entier. Tout tirage allant paraître, donc tout tiré à part, constitue un entier, c'est ce que M. le Directeur n'a pas voulu comprendre.

D'ailleurs il ne pouvait refuser le récépissé en aucun cas, sauf à ensuite exiger le complément s'il avait la preuve que cette publication avait une suite imprimée (non remise au dépôt.)

Il fut dès lors insisté par une longue et très courtoise lettre réexplicative de demande auprès de M. le Directeur signataire de ce stupéfiant document; deux exemplaires de ladite couverture seule parue de toute la publication projetée et dont rien autre même n'était encore écrit furent joints, mais malgré un travail d'impression terminé, donc tout à fait sujet au dépôt, déjà tardif car de nombreux exemplaires de ladite couverture étaient disséminés dans le public. M. le directeur continua d'ignorer la loi, le but du dépôt légal, ses usages, et les droits de la propriété littéraire.

Ainsi, d'après la réponse de M. le Directeur, ce refus qui ne s'était jamais produit (ni aucune observation) serait désormais la règle en pareil cas.

La propriété littéraire ne serait plus toujours garantie en France sauf pour les ouvrages passant en entier en une seule commande d'imprimerie, le dépôt serait aboli pour certains imprimés quoique fini de tirer et mis dans le public.

Donc, le motif de la création du dépôt est nié, de même que les intentions du législateur, la pratique usitée jusqu'ici en la matière; pour sauvegarder les droits de la propriété littéraire.

Ces droits, tous les auteurs les voient menacés par un tel refus, puisqu'il met en péril, qu'il raye toute une partie de la propriété littéraire.

A l'heure ou toutes les réclamations des écrivains sont par tous admises comme constituant la plus élémentaire justice, et vont aboutir, nul ne doit plus être exposé de la part du dépôt légal à se voir privé par une aussi grave incohérence des droits de propriété de son œuvre.

IX

Auteurs retirez-vous même les récépissés de dépôt c'est votre titre de propriété. — Où vont les imprimés déposés. — Le justificatif de tirage.

Aucun imprimeur ne refuse à l'auteur de lui remettre le récépissé de dépôt de tout imprimé exécuté pour lui. L'auteur peut d'ailleurs opérer le dépôt, comme représentant de son imprimeur, et peut garder le récépissé, à condition d'être prêt à le représenter, ou d'en donner reçu à son imprimeur qui doit vis-à-vis de la loi avoir la preuve qu'il a fait le dépôt; le tout se fait sans aucun frais.

Un exemplaire de tout imprimé déposé, fut-ce un bulletin de souscription, un prospectus, une page-titre suivie ou non de papiers blancs, va par les soins du ministère de l'Intérieur à la Bibliothèque nationale. Laquelle doit posséder au moins un exemplaire de tout imprimé paraissant en France.

Le service des entrées dit du dépôt légal à la Bibliothèque nationale, rue Richelieu, Paris, réunit les divers fragments des publications à mesure de leur arrivée (et donc déposées en tirages successifs).

Et également aux termes du règlement de la Bibliothèque, aucun écrit en cours de publication n'est communiqué au public (excepté les quotidiens qui le sont par années) on attend qu'ils aient fini de paraître, que tous tirages successifs soient arrivés que chaque publication soit faite, pour la réunion achevée, par ledit service mettre à la disposition du public.

Chaque fois qu'un imprimeur a terminé un tirage, c'est-à-dire une commande, il délivre un bordereau dit justificatif de tirage du nombre d'exemplaires auquel la commande a été exécutée, si on commande un fragment d'ouvrage et non tout, il donne le justificatif au fragment imprimé.

Cette pièce est établie et donnée la commande prête à livrer.

Chaque commande, c'est-à-dire chaque travail terminé, donne lieu à l'établissement et à la délivrance de ce document au moment ou l'imprimeur livre.

Un même ouvrage donne lieu à autant de justificatifs (comme à autant de dépôts) que de parties ou portions de manuscrits livrées isolément successivement à l'imprimeur l'une après impression terminée et livrée de l'autre.

Ce justificatif, extrait d'un carnet à souche spécial que doit avoir tout imprimeur, fait foi quant au nombre des exemplaires tirés, devant tous les tribunaux pour le paiement des annonces. Aucun imprimeur ne s'aviserait de le délivrer inexact, et donc avant l'exécution complète de la commande, car il pourrait s'exposer de ce fait, et encourrait des pénalités correctionnelles des plus sévères, au-delà même de ce que l'on s'imagine généralement. Cette pièce pourrait être, à défaut d'autre, un titre de propriété.

MAXIME DE TRIGANT

IMPRIMERIE BIÈRE

18, 20, RUE DU PEUGUE

A COTÉ DE LA RUE DU HAUTOIR

- - BORDEAUX - -